AF348249

RAPPORTS

DU TONKIN ET DE LA COCHINCHINE

AVEC LA FRANCE

AUX DIX-SEPTIÈME & DIX-HUITIÈME SIÈCLES

CONFÉRENCE

Faite le 18 Juillet 1882

À LA SOCIÉTÉ DE GÉOGRAPHIE COMMERCIALE DE PARIS

PAR

M. CASTONNET DESFOSSES

Avocat à la Cour d'Appel.
Membre de la Société de Géographie.

CHEZ CHALLAMEL AÎNÉ

RUE JACOB

1883

RAPPORTS DU TONKIN ET DE LA COCHINCHINE

AVEC LA FRANCE

AUX XVIIe ET XVIIIe SIÈCLES

Par M. Castonnet-Desfosses (1).

Autrefois la vie des peuples civilisés paraissait s'être concentrée en Europe et, pour nous Français, la grande question était la ligne du Rhin. Il y a soixante ans, à peine faisait-on mention des pays de l'extrême Orient, et lorsqu'on parlait de la Chine, du Japon, de l'Indo-Chine, l'on semblait faire allusion à quelque contrée mystérieuse. Aujourd'hui il n'en est plus ainsi. La science a progressé, les découvertes géographiques se sont multipliées, le monde commence à se connaître, les besoins ont augmenté et le commerce est devenu plus actif et plus entreprenant. L'on sent que l'horizon s'est élargi et que l'avenir ne réside pas seulement en Europe, mais encore en Asie et principalement en Chine, au Japon, dans l'Inde et dans l'Indo-Chine.

Lorsqu'on jette les yeux sur une carte de l'Asie, l'on est attristé de voir que la France n'y occupe que la dernière place et vient même après la Hollande, tandis que l'Angleterre, notre constante rivale, y possède un empire de deux cent cinquante millions d'hommes. Cependant notre rôle dans cette partie du monde n'est pas fini et, si nous le voulons, il peut encore être brillant; il y a un pays qui s'ouvre à notre activité, à notre influence. Ce pays est l'empire d'Annam, c'est-à-dire le Tonkin et la Cochinchine où nous avons pris pied depuis une vingtaine d'années.

Notre établissement au Tonkin et en Cochinchine n'est pas une idée nouvelle. C'est un projet qui date de loin, qui remonte à plus de deux siècles et dont on a commencé l'exécution à plusieurs reprises. Ce n'est pas une idée chimérique, entrant dans le domaine de l'utopie, comme le chemin de fer qui doit, dit-on, traverser le Sahara et transformer les sables du désert en champs fertiles et cultivés. Notre établissement au Tonkin et en Cochinchine est avant tout pratique, essentiellement pratique et d'une exécution facile. Les avantages que nous pouvons en retirer avaient frappé l'esprit de nos ancêtres au XVIIe et au XVIIIe siècle. Aussi les voyons-nous entrer en rapport avec ces deux pays, y envoyer des émissaires, signer des traités avec les indigènes et en même temps essayer d'y fonder des comptoirs et d'y étendre leur commerce. En un mot, le Tonkin et la Cochinchine sont pour nous de *vieilles connaissances* et nous allons examiner d'une manière bien rapide les relations qui ont existé entre la France et ces deux régions au XVIIe et au XVIIIe siècle. C'est de l'histoire

(1) Communication faite à la Société le 18 juillet 1882.

ancienne qui a une véritable actualité. Elle prouve l'intérêt que nous devons porter à l'Indo-Chine orientale, puisque nous y songeons depuis deux cents ans.

Le Portugal fut la première puissance européenne qui parut en Asie. En abordant aux rives de l'Indoustan, Vasco de Gama avait jeté les fondements de l'empire lusitanien. Les Portugais ne bornèrent pas leur ambition à l'Inde. Ils pénétrèrent en Chine, au Japon, ils explorèrent les côtes du Tonkin et de la Cochinchine et nouèrent quelques relations avec les indigènes. Le costume Européen excita vivement la curiosité des habitants du Tonkin et le nom de *bigarrés* qu'ils donnèrent aux étrangers témoigne assez de leur étonnement.

Les Français ne commencèrent à jouer un rôle en Asie qu'au xviiᵉ siècle. La fondation de la Compagnie des Indes ne date que de 1664; à notre arrivée dans l'extrême Orient, nous y trouvâmes les Portugais, les Hollandais, les Anglais et même les Danois.

Bien avant que Colbert eût fondé la célèbre Compagnie de commerce, on avait cherché à se frayer la route des Indes et, dans ce but, de nombreux voyageurs et missionnaires s'étaient rendus à la cour d'Ispahan et avaient essayé de faire de la Perse une base d'opérations. En même temps quelques rares Français débarquaient en Indo-Chine, exploraient le Tonkin et la Cochinchine et publiaient des relations fort intéressantes.

Le premier Français qui ait visité l'Annam et en ait été en quelque sorte le *découvreur* par les renseignements qu'il nous a transmis est un jésuite, le P. Alexandre de Rhodes. Le P. Alexandre de Rhodes naquit à Avignon en 1591, se rendit en Asie en qualité de missionnaire en 1619 et s'arrêta d'abord à Macao. En 1624, il arrivait en Cochinchine et, en 1629, il passait au Tonkin. Il quittait ce dernier pays en 1629 pour aller en Chine, retournait en Cochinchine en 1650 et y prolongeait son séjour jusqu'en 1656. A cette époque, il prenait la route de l'Europe, restait en France quelques années et partait ensuite pour la Perse où il rencontrait par hasard le célèbre voyageur La Boullaye le Gout. Il mourut dans ce dernier pays en 1660, victime du climat et des fatigues, ainsi que tant d'autres Français qui ont succombé en cherchant à nous ouvrir la route de l'Inde.

Le P. Alexandre de Rhodes est un profond observateur et, pendant son séjour en Indo-Chine, il a su se rendre un compte exact de la situation du pays et des mœurs des habitants; il s'était adonné à l'étude de la langue annamite et est le premier Européen qui en ait eu une connaissance sérieuse. Son dictionnaire annamite-latin-portugais est resté une œuvre remarquable de patience et d'érudition. Dans les différents écrits qu'il a publiés sur le Tonkin et la Cochinchine auxquels il donne le nom générique d'Annam qui, selon lui, signifie « repos du midi », il montre une grande exactitude.

Le P. Alexandre de Rhodes était surtout frappé de la disposition des Annamites à entrer en rapport avec les Européens. Ses descriptions sont toujours intéressantes et fort curieuses; il étudie successivement la Cochinchine et le Tonkin, et dans le tableau qu'il nous fait de ces deux pays, l'on voit qu'il ne peut se défendre d'une prédilection assez marquée.

La Cochinchine a pour lui un attrait tout particulier et il en parle longuement. Il commence par déterminer sa topographie, donne de nombreux détails sur les mœurs des habitants et l'organisation du pays. Il nous dit que le sol est fertile et en énumère toutes les productions. L'on y trouve des mines d'or, des bois de construction, et le commerce est d'autant plus considérable qu'il est facilité par les nombreux cours d'eau qui arrosent cette contrée et servent aux habitants à communiquer entre eux. L'industrie de la soierie était florissante. Elle était une branche importante d'exportation et attirait chaque année les marchands chinois qui venaient se livrer à un trafic assez actif. En résumé, pour le P. Alexandre, la Cochinchine était une riche contrée et réunissait toutes les conditions nécessaires pour s'y établir ou tout au moins y fonder des comptoirs ou des factoreries.

La description du Tonkin n'est pas moins flatteuse. Le P. Alexandre de Rhodes compare, pour l'étendue, ce royaume à la France, et estime que sa superficie est quatre fois plus vaste que celle de la Cochinchine. Il nous dit que huit cents ans auparavant, ce pays était une province de la Chine. Au moment où il le visitait, il y avait deux rois, l'un appelé *Bua*, qui ne possédait qu'une autorité nominale, et l'autre nommé *Choua*, qui avait le pouvoir en mains et était un véritable maire du palais.

La description que le P. Alexandre de Rhodes nous fait du Tonkin présente une grande analogie avec celle de la Cochinchine. Le sol est fertile et produit abondamment du riz qui constitue la principale nourriture des habitants. Les campagnes avaient un aspect riant et étaient couvertes d'arbres fruitiers inconnus à nos climats tempérés. La canne à sucre réussissait à merveille. Malheureusement les habitants n'en pouvaient tirer aucun parti dans l'ignorance où ils étaient des procédés de la raffinerie.

Le Tonkin abondait en chevaux et en porcs. L'on y trouvait des buffles, des éléphants, des rhinocéros et toute espèce de volailles. Le poisson était à vil prix et la pêche l'une des principales occupations des indigènes. Le P. Alexandre estime à plus de 10,000 le nombre des barques des pêcheurs.

Au point de vue commercial, le Tonkin présentait de nombreux avantages. Sa fertilité, sa situation et son voisinage avec la Chine étaient autant de conditions des plus favorables qui devaient faciliter les entreprises et en assurer le succès. Les Chinois y venaient en grand nombre. Ils y apportaient des porcelaines, des toiles peintes et en tiraient des soieries et du bois d'aloès. Les Japonais y faisaient autrefois un trafic assez important; mais, depuis vingt-cinq ans, ils avaient cessé de paraître dans ce pays. Aussi, pour le P. Alexandre de Rhodes, il y avait une place à prendre; en s'établissant sur ce point, des marchands pouvaient s'y assurer de vastes débouchés. Pour lui, tôt ou tard, une nation d'Europe devait finir par prendre pied dans cette contrée et y trouver une source féconde de profits et de richesses.

Quelques années plus tard, en 1658, un autre religieux appartenant également à l'ordre des jésuites, le P. Tissanier, arrivait au Tonkin et y résidait trois ans. A son retour en France, il publiait la relation de son voyage qui est des plus curieuses et des plus intéressantes. Il nous dit que le Tonkin est un pays salubre, fertile et nous énumère ses différentes productions. Il parle longuement du gouvernement et de l'organisation politique et sociale. Les mœurs des habitants sont décrites avec un soin presque minutieux. Il est d'accord avec le P. Alexandre de Rhodes et nous dit, ainsi que lui, qu'il y a deux rois au Tonkin, l'un qui exerce le pouvoir et l'autre qui ne possède qu'une souveraineté honorifique. Pour le P. Tissanier, le Tonkin est un pays d'avenir et doit tôt ou tard fixer l'attention des Européens. La fertilité du sol, les cours d'eau qui facilitent les communications, le voisinage de la Chine, sont autant de causes qui feront que cette contrée sera appelée à devenir des plus florissantes et le siège d'un commerce des plus actifs.

La fondation de la maison des Missions étrangères, en 1663, dirigea un nouveau courant sur le Tonkin et la Cochinchine. Cette institution, éminemment française, envoya de nombreux missionnaires dans ces deux pays. La liste en serait trop longue à énumérer ; qu'il nous suffise de citer deux noms, ceux des évêques de Béryte et d'Héliopolis qui tiennent une place importante dans notre histoire coloniale.

L'évêque de Béryte, Mgr Lamothe-Lambert, se rendit en Cochinchine et y séjourna quelques années en qualité de vicaire apostolique. Il explora ce pays avec soin, ainsi que le Cambodge et le royaume de Siam, et la relation de ses voyages contient des documents fort curieux et fort intéressants.

Mgr Pallu, évêque d'Héliopolis, mérite une mention spéciale. Il était né à Tours en 1625.

Il visita successivement le Bengale, l'Indo-Chine et les côtes de la Chine. C'était un homme éminemment supérieur. Il s'était particulièrement attaché au Tonkin et proposait d'y fonder un établissement. Ce pays, par sa situation, son voisinage avec la Chine lui paraissait réunir toutes les conditions nécessaires pour devenir un centre commercial. L'évêque d'Héliopolis était l'un des rares Français, qui au xviie siècle, prévoyaient qu'un jour une révolution économique allait s'accomplir. Il avait en même temps une connaissance approfondie des affaires coloniales. Il se doutait qu'un jour l'Asie serait le théâtre où les puissances Européennes entreraient en lutte et il avait deviné la grandeur future de la Russie. Aussi disait-il, dans une lettre adressée à Colbert en 1669, que la nation des Moscovites, alors à peine connue en Europe, jouerait un rôle considérable dans l'extrême Orient. Selon lui, nous devions nous allier à l'empire des Tsars, résister avec son appui à la Hollande et à l'Angleterre, et établir un immense commerce par terre au moyen de caravanes qui partiraient de Pékin et se rendraient à Moscou. En même temps, nous devions mettre le Tonkin en communication avec la Chine. De cette manière le Tonkin aurait été relié avec l'Europe, et serait, en quelque sorte, devenu tête de ligne. Inutile de dire que les projets de Mgr Pallu furent regardés comme plus ou moins chimériques et cependant l'on peut dire, sans être traité d'utopiste, que leur mise à exécution aurait changé l'avenir de notre pays.

Nous rappellerons la fondation de la Compagnie des Indes et les nombreux efforts qui furent déployés pour la réussite de cette entreprise dont le résultat ne répondit pas aux espérances. Après la tentative de colonisation, à Madagascar, qui s'était terminée par un désastre, une escadre française avait, en 1671, peut dans la mer des Indes. Elle était commandée par l'amiral de la Haye. Un agent de la Compagnie venait de fonder à Surate notre première factorerie. Après quelques hésitations, on se décida à occuper l'île de Ceylan, dont la situation se prêtait merveilleusement à la fondation et au développement d'un établissement maritime et commercial. Cette expédition fut un insuccès. En revenant de Ceylan, de la Haye s'empara de la ville de San-Thomé. Il ne tarda pas à y être assiégé par les Hollandais et les Maures, et après vingt-six mois d'une défense héroïque, il fut obligé de capituler (1674).

Il est curieux de voir que pendant le siège de San-Thomé, le bruit du canon n'absorbait pas complètement l'attention ; à peine avions-nous débarqué à Surate, dans l'Inde, que nous songions à l'Indo-Chine, et en 1672, un directeur de la factorerie, Barthélemy Blot, proposait de fonder des comptoirs dans le Tonkin et affirmait, en qualité de négociant, que cette entreprise procurerait de sérieux bénéfices à la Compagnie. La capitulation de San-Tomé fit oublier ce projet dont l'exécution, à ce moment, aurait exercé une grande influence sur notre commerce dans cette partie de l'Asie.

Notre situation dans l'Inde semblait être désespérée. Deux hommes la sauvèrent. Ces deux hommes étaient Baron et François Martin. Baron était un ancien consul d'Alep. Il était venu à Surate en qualité de directeur. Il voyait que le temps de la domination musulmane dans l'Inde était sur le point de finir et que le moment allait venir où une nation Européenne s'emparerait de cette riche contrée. Il voulait que cette nation fût la France. Martin venait de fonder Pondichéry. Tous deux étaient faits pour s'entendre et se comprendre.

Baron et Martin ne voulaient pas que la France bornât ses efforts à la côte de Coromandel. L'Indo-Chine avait de bonne heure attiré leur attention et à peine avions-nous pris pied dans l'Inde, que nous songions à fonder des établissements dans cette contrée encore inexplorée. En 1680, Bourreau-Deslandes, le fondateur de Chandernagor, se rendait à la cour de Siam. En 1681, Duplessis débarquait au Pégou et obtenait du roi du pays, la concession d'un petit territoire pour y construire un port de refuge ; en 1684, la Compagnie envoyait un agent au Tonkin.

Cet agent s'appelait Le Chappelier et c'est ainsi le premier Français qui, revêtu d'un caractère officiel, ait paru dans cette partie de l'Indo-Chine. Le Chappelier explora les côtes du pays. Le but de son voyage était de voir s'il n'était pas possible de fonder un établissement commercial. Grâce à l'intermédiaire des missionnaires, le roi nous était favorable et nous autorisa à posséder des factoreries. Le Chappelier remarqua que le pays était fertile et que les productions étaient nombreuses. En même temps, il constatait que les indigènes n'avaient aucune répugnance à entrer en rapport avec les Européens et qu'il était au contraire facile de nouer des relations avec eux, Aussi, avant de revenir à Pondichéry, fonda-t-il un comptoir dans une des principales villes du midi, qui devint bientôt le siège de transactions assez actives.

En 1686, Verret recevait une mission analogue et parcourait les côtes de la Cochinchine. Les habitants, sans être hostiles, étaient moins bien disposés que les Tonkinois à nouer des relations avec les étrangers. Le voyage de Verret n'était pas seulement un voyage d'exploration. Son but était déterminé et la Compagnie des Indes l'avait chargé d'étudier le pays et en même temps de choisir un point déterminé pour y fonder un établissement qui devînt une station maritime et un centre commercial. Venet se prononça pour les îles Poulo-Condor. Elles lui parurent réunir toutes les conditions nécessaires et, dans une lettre qu'il écrit de Siam en date du 3 novembre 1686, il nous en fait une description des plus flatteuses.

Les projets de Le Chappelier et de Verret ne pouvaient pas aboutir. La situation financière de la Compagnie était déplorable et en outre on était à la veille de la Ligue d'Augsbourg. La France allait se trouver aux prises avec une coalition. En 1693, les Hollandais s'emparèrent de Pondichéry qui ne nous fut rendu qu'à la paix de Ryswick. La guerre ne tarda pas à recommencer pour ne se terminer qu'au traité d'Utrecht, en 1713. Pendant cette période, nos relations avec l'Inde furent à peu près nulles et nous ne pouvions songer à créer de nouveaux établissements dans l'Indo-Chine. Cependant le Tonkin et la Cochinchine n'étaient pas oubliés et pour montrer l'importance que l'on attachait à ces deux pays, Tavernier, le célèbre voyageur, qui est pour ainsi dire mort sur la grande route à l'âge de quatre-vingts ans et dont les récits ont été pendant longtemps et bien à tort, considérés comme fantastiques, s'occupe du Tonkin et lui consacre un livre. Tavernier n'avait pas visité le Tonkin, il le déclare lui-même et en parle d'après son frère qui y avait fait plusieurs voyages. La description qu'il nous donne du pays est exacte. Il nous parle de sa fertilité, de ses productions, du commerce qui y existe, de celui que l'on pourrait y établir. Ce qui le frappe surtout, c'est son voisinage avec la Chine. C'est une des portes de l'Empire chinois, avec lequel l'on peut établir un trafic régulier. Pour lui, le Tonkin est un pays d'avenir ; tôt ou tard les Européens viendront s'y établir et y trouveront de vastes débouchés pour leur commerce et leur industrie.

Sous le gouvernement de Lenoir qui succéda à de la Prévostière et donna à Pondichéry une prospérité qui jusque-là lui avait été inconnue, l'on songea à la Cochinchine. En 1721, le commis Renauly était chargé d'aller explorer cette contrée et d'indiquer le point où nous pourrions fonder un établissement. On se rappela le rapport de Venet et tout naturellement Renauly s'en fut explorer les îles Poulo-Condor.

A son retour à Pondichéry, en 1723, Renauly présenta un mémoire qui est des plus curieux. Il nous donne une description détaillée des îles Poulo-Condor, qu'il appelle îles d'Orléans et se prononce d'une façon bien catégorique à leur sujet, en considérant le but que l'on se proposait. Pour lui, ces îles n'offrent aucune ressource. Leur stérilité les condamne et il propose de les abandonner, ou tout au moins de n'y conserver qu'un poste sans importance. Pour lui, si nous voulons faire quelque chose dans la Cochinchine, qu'il considère comme pouvant devenir une belle colonie, il faut fonder notre principal établissement sur le continent, à l'embouchure du Cambodge.

On ne donna pas suite aux projets de Renauly. Les événements ne s'y prêtaient pas.

La Compagnie des Indes venait de subir un désastre financier. Le système de Law s'était écroulé, et pendant plusieurs années, nos relations commerciales en Asie n'eurent aucune importance. Cependant le Tonkin et la Cochinchine n'étaient pas oubliés, et Dumas, qui avait été nommé gouverneur en 1735, revint aux anciens errements et porta de nouveau l'attention du côté de l'Indo-Chine.

Dumas était un colonisateur distingué. Il avait précédemment administré les Iles de France et Bourbon et y avait accompli de notables progrès. Mieux que personne il comprenait l'importance de l'Indo-Chine. Aussi le voyons-nous entrer en rapport avec des missionnaires et des voyageurs et se faire renseigner sur le Tonkin.

Dans un rapport qu'il adressait en 1737, aux directeurs de la Compagnie, il faisait ressortir la fertilité du pays, la salubrité du climat et insistait particulièrement sur trois points : le voisinage de la Chine qui devait singulièrement favoriser notre commerce, les mines de cuivre qui existaient en grand nombre et qu'il était facile d'exploiter, et enfin la production de la cannelle, qui était considérable et pouvait devenir entre nos mains une source féconde de richesse. Pour Dumas, il n'y avait pas à hésiter, nous devions nous établir au Tonkin.

Dumas songeait aussi à la Cochinchine et se mettait en relations avec un missionnaire, Mgr de la Baume, qui résidait dans cette contrée depuis plusieurs années. Mgr de la Baume fut chargé d'explorer la Cochinchine et de renseigner la Compagnie sur les productions et le commerce du pays et en même temps de déterminer le point où il nous serait le plus avantageux de fonder un établissement. En 1740, Mgr de la Baume présentait un rapport. Le commerce s'était concentré à Faifao et consistait principalement en riz, en sucre, en bois odoriférants, en or et en soieries. Mgr de la Baume s'était rendu à Hué, dont il fait une description assez curieuse et était entré en négociations avec la Cour. Le roi nous était favorable, il désirait nous voir fonder des faïenceries dans ses Etats et offrait de nous céder le port de Tourane.

L'on ne put malheureusement donner de suite à aucun de ces projets. L'invasion des Mahrattes qui s'était précipitée comme un torrent et menaçait Pondichéry, détourna l'attention, et l'Indo-Chine fut momentanément oubliée.

Dupleix, dont le nom est synonyme de patriotisme et est peut être le plus grand génie politique que la France ait produit au xviiie siècle, embrassait l'Indo-Chine dans ses gigantesques projets. Selon lui, nous devions porter notre activité du côté de cette vaste contrée. La Cochinchine et le Tonkin l'avaient frappé par leurs avantages et il était résolu à reprendre les anciens projets de Martin et de Dumas et à leur donner suite. La Compagnie paraissait s'être ralliée à l'idée de notre établissement en Indo-Chine et deux de ses agents se rendirent en Cochinchine; l'un était Friell et l'autre Dumont.

Friell avait été directeur de la factorerie que nous avions à Canton. Il visita la Cochinchine, et dans son rapport il donna des conclusions favorables. Il était d'avis de fonder des comptoirs en Indo-Chine et pensait que Siam, le Tonkin, le Cambodge et la Cochinchine seraient de larges débouchés pour notre commerce et s'ouvriraient facilement à nos entreprises.

Quant à Dumont, son opinion était la même. Il visita la Cochinchine en 1748. Son rapport donne les renseignements les plus précis sur le sol et les productions de la Cochinchine. Le commerce était considérable et consistait principalement en bois de rose, en ivoire, en soieries, en sucre, en riz et en poivre. Les Chinois y venaient chaque année en grand nombre et s'y livraient à un négoce assez actif. Dumont disait que les Européens devaient principalement importer en Cochinchine des armes travaillées, des pierreries, des étoffes de Lyon, des toiles de Bretagne, du soufre, de la quincaillerie, des glaces, des cristaux et de la verroterie. Il affirmait que toutes ces marchandises trouveraient un débit facile près des populations indigènes. Il proposait en même temps de fonder une factorerie dans l'île de Cham, à l'entrée du port de Faifao, d'établir un cabotage le long des côtes et de concentrer entre nos mains tout le trafic de Siam, du Cambodge, de la Cochinchine et du Tonkin.

Les circonstances nous étaient favorables. La guerre de la succession d'Autriche venait de prendre fin à Aix-la-Chapelle, en 1748, et la paix favorisait nos entreprises. L'on songea plus que jamais à l'Indo-Chine, et avec Poivre l'on put croire un instant que la Cochinchine allait devenir française.

Poivre est l'un des colonisateurs les plus distingués du xviiie siècle. Il était originaire de Lyon. Il était venu de bonne heure dans l'Extrême Orient et avait visité les côtes de Chine, l'Inde et l'Indo-Chine. Cette dernière contrée avait particulièrement attiré son attention, et, de retour en France, il proposa à la Compagnie de fonder une colonie en Cochinchine.

Cette proposition fut agréée, et Poivre ne tardait pas à reprendre la route de l'Asie. En 1749, il quittait Pondichéry et débarquait à Tourane, d'où il se rendit à Hué. Le roi de Cochinchine fit bon accueil aux Français et, après des négociations d'une longueur interminable comme il est d'usage dans les cours orientales, un traité fut conclu. Le roi de Cochinchine nous autorisait à venir trafiquer dans tous ses Etats et à y posséder des factoreries. Il écrivait en même temps au roi de France une lettre dans laquelle il demandait notre amitié et disait qu'à l'avenir les royaumes de France et de Cochinchine ne devaient plus former qu'un seul Etat et qu'une seule nation.

La relation de Poivre est des plus curieuses et des plus intéressantes. En lisant son journal, on peut le suivre pas à pas et devenir en quelque sorte son compagnon de route. Poivre nous décrit la Cochinchine et parle de sa fertilité, de ses productions, de son commerce et de son industrie. La ville de Hué où il séjourna plusieurs mois est loin d'exciter son admiration et lui paraît être construite sans art et sans goût. Il entre dans de nombreux détails en ce qui concerne les mœurs des habitants et nous fait pénétrer à la cour, chez les principaux mandarins et dans les chaumières des paysans. Son récit est plein d'*humour* et des plus fidèles ; aussi, grâce à lui, nous pouvons connaître la Cochinchine telle qu'elle existait au xviii° siècle et constater qu'elle est restée la même.

Poivre voulait que l'on prît pied en Cochinchine et le plus tôt possible. Il proposait de fonder une factorerie à Faïfao et de se servir de la baie de Tourane comme de point de relâche. Dans le rapport qu'il présentait aux directeurs de la Compagnie, il parlait longuement des productions du pays et faisait remarquer que le sol serait propice à la culture de la canne à sucre, du cotonnier et de l'indigotier et que nous pourrions ainsi nous créer une source féconde de richesses.

Les mines d'or que l'on trouvait dans plusieurs provinces, les bois de construction que contenaient les forêts étaient autant de ressources qui n'auraient pas tardé à donner de sérieux bénéfices. Poivre faisait remarquer la situation de la Cochinchine qui commandait une partie de la Mer des Indes et voulait que nous nous y établissions au plus vite afin de rayonner dans l'Indo-Chine, au Cambodge, à Siam, au Tonkin. Pour Poivre, l'avenir de la France en Asie était à la côte de Coromandel et dans l'Indo-Chine. L'Indo-Chine devait devenir une terre française.

Pendant que Poivre explorait la Cochinchine, Dupleix songeait aussi au Tonkin et avait l'intention d'y fonder un établissement. Dans ce but il se mettait en rapport avec un missionnaire, l'abbé de Saint-Phalles, qui résidait depuis plusieurs années dans le pays, et le chargeait de recueillir tous les renseignements qu'il pourrait se procurer, sur le Tonkin, ses productions, sa fertilité, son commerce, son industrie, et en même temps de lui indiquer les villes où il nous serait le plus avantageux de posséder des factoreries. L'établissement au Tonkin était chose décidée.

L'abbé de Saint-Phalles présenta un mémoire en 1753. Il comparait le Tonkin pour l'étendue aux deux tiers de la France et en faisait une description fort détaillée : connaissant le pays qu'il habitait depuis plusieurs années et pouvant en parler sciemment, il disait que le Tonkin était fort peuplé et que l'on y trouvait un grand nombre de bourgs et de villes, quelques-unes de ces dernières avaient trente, quarante et même cinquante mille habitants.

Le pays était arrosé par une infinité de fleuves, de rivières et de ruisseaux ; aussi le sol était-il d'une grande fertilité. Le commerce était considérable, les Chinois y apportaient du thé, du sucre, des étoffes de soie, du fer, des épices, du chanvre, du lin, de la porcelaine et de la cire. Les exportations consistaient principalement en or, en cuivre, en cannelle et en soieries.

Le voisinage de la Chine avait aussi frappé l'abbé de Saint-Phalles. Aussi se prononçait-il énergiquement pour notre établissement au Tonkin et affirmait-il que notre commerce trouverait dans ce pays de larges débouchés, que nous pourrions y réaliser de nombreux bénéfices et que du Tonkin il nous serait facile de rayonner dans les autres régions de l'Indo-Chine.

L'affirmation de l'abbé de Saint-Phalles n'était pas faite à la légère et l'on peut ajouter foi à ses paroles ; il connaissait le Tonkin mieux que personne. A sa mort (1766) il laissa sur ce pays un mémoire assez volumineux qui fut publié par les soins de son secrétaire sous le titre d'*Histoire naturelle, civile et politique du Tonquin*. Ce livre forme deux volumes et est fort intéressant ; aujourd'hui il a une véritable actualité. Le commerce y est longuement traité. L'abbé de Saint-Phalles nous énumère les principales productions qui sont l'arek, le bétel, le vin, le coton, la cannelle, le vernis, le sucre, le bois de bambou. Il nous dit que les habitants étaient industrieux et se livraient à la pêche, à l'élève des vers à soie et à la fabrication du papier. Le bambou et le coton leur fournissaient les matières premières. Enfin il est le premier Européen à savoir que le Tonkin ne se refusait pas à produire du froment, comme on le croyait généralement, et pour lui la culture des céréales devait certainement y réussir. Le cuivre lui paraissait être une des principales branches d'exportation ; il pensait que tôt ou tard une nation d'Europe finirait par planter son drapeau dans cette partie de l'Indo-Chine, et comme il prévoyait que cet événement était proche, il conseillait aux marchands qui y viendraient de s'appliquer à importer des toiles peintes, des draps et de la quincaillerie, « choses », ajoute-t-il, « dont les gens du pays sont fort friands et qui se débiteront facilement ».

Le livre de l'abbé de Saint-Phalles est curieux à un autre point de vue. Il contient une description du Tonkin, de ses villes, de ses campagnes et l'on peut faire ainsi un voyage rétrospectif et se représenter ce pays tel qu'il était il y a environ cent trente ans. Le chapitre qui a trait à la capitale du royaume doit nous arrêter durant quelques instants. Depuis quelques semaines, le drapeau Français flotte sur Hanoï et, il faut l'espérer, il y restera.

Hanoï nous appartient, et, à ce titre, le tableau que nous en donne l'abbé de Saint-Phalles offre un certain intérêt.

« Kecho » nous dit-il, est la capitale du royaume. Le roi y
« fait son séjour. Elle est située à quarante lieues de la mer. On
« peut la comparer pour la grandeur aux villes d'Asie les plus
« célèbres. Les grands marchés qui s'y tiennent y attirent pres-
« que tous les habitants des bourgs et des villages à une assez
« grande distance. Les rues sont larges et belles, pavées de bri-
« ques en partie ou par bande. Les deux tiers des maisons sont
« de bois, les autres sont de briques. Les maisons du peuple
« sont composées d'un toit appuyé sur des colonnes couvertes
« communément de paille, de joncs de mer ou de grandes feuilles
« d'arbres. Ces maisons n'ont ni plafonds ni étages. Elles sont
« seulement divisées par cloisons et n'ont qu'un rez-de-chaussée.
« Toutes ces maisons en général ont autant de portes et de fenê-
« tres que la cloison extérieure peut en recevoir. Aucune de ces

« ouvertures n'est garnie de verre. Il est remplacé par des toiles
« peu serrées ou des toiles si fines qu'elles sont presque trans-
« parentes. La ville n'a ni murailles, ni aucune défense exté-
« rieure. Elle n'a qu'une enceinte formée par une haie vive de
« bambous. »

Dupleix était décidé à poursuivre énergiquement la réalisation
de ses projets sur l'Indo-Chine, et en 1753 nous le voyons envoyer
un nouvel agent en Cochinchine. Malheureusement quelques mois
plus tard, il était rappelé. Son rappel qui était un crime, une faute,
fut la chute de notre empire colonial en Asie. La guerre de Sept
ans vint à éclater et fut pour nous un véritable désastre.

L'Indo-Chine n'était pas cependant complètement oubliée. En
1755, le directeur de la factorerie de Surate proposait à la Compagnie d'occuper les îles Poulo-Condor. Vingt ans plus tard, en
1775, plusieurs négociants formèrent une association dont le
but était de s'emparer du commerce du Tonkin et de la Cochinchine. La guerre d'Amérique fit abandonner ce projet. Cependant en 1778, c'est-à-dire au moment où le bailli de Suffren faisait entendre le bruit du canon, le gouverneur de Chandernagor
envoyait un vaissseau en Cochinchine et proposait de fonder un
établissement dans ce pays et d'ouvrir des relations commerciales avec le Tonkin ; quelques années plus tard, ce projet fut
sur le point de recevoir sa mise en exécution.

En 1785, une révolution avait éclaté en Cochinchine, un usurpateur s'était emparé du trône. Le roi demanda l'appui de la
France et envoya à Pondichéry son fils aîné avec l'évêque
d'Adran. Ce dernier pensa qu'il obtiendrait plus facilement en
Europe ce qu'il demandait, et s'y rendit avec le jeune prince.

Louis XVI leur fit bon accueil. La cour considérait avec étonnement le costume du prince annamite et des gens de sa suite. En
1787 un traité fut signé entre la France et l'évêque d'Adran qui
représentait le roi de Cochinchine et avait reçu de lui le droit
de prendre des engagements en son nom.

Le roi de France devait fournir une escadre, 1500 hommes de
troupes et plusieurs pièces d'artillerie pour chasser l'usurpateur.
En retour, le roi de Cochinchine nous cédait le port de Tourane,
les îles Poulo-Condor, nous permettait de commercer dans ses
États à l'exclusion de toute autre nation et entrait dans notre
alliance. L'évêque d'Adran et le prince annamite retournèrent
à Pondichéry.

Le mauvais vouloir du général Conway qui avait le comman-
dement des troupes dans l'Inde fit traîner les choses en longueur,
et l'expédition se borna à l'envoi de quelques navires qui allè-
rent faire une démonstration sur les côtes de la Cochinchine. Sur
ces entrefaites, une nouvelle révolution éclata et le roi rentra en
possession de son trône. Au mois de janvier 1790, il adressait
à Louis XVI une longue lettre (1) où il lui apprenait son succès,
et l'engageait en même temps à envoyer dans ses États des ma-
rins et des marchands pour y fonder des comptoirs et créer ainsi
entre les deux pays des relations de commerce et d'amitié.

Les événements n'étaient pas favorables à la colonisation ni

(1) Cette lettre est datée de Saïgon.

aux entreprises d'outre-mer. La révolution commençait à bouleverser l'Europe et pendant la tourmente, l'Indo-Chine devait être oubliée et les esprits être dominés par d'autres préoccupations. Cependant, il est assez singulier de voir qu'en 1791, en 1792 et en 1797 l'on songea à la Cochinchine et l'on pensa à y fonder des établissements ou tout au moins des comptoirs. En 1805, en 1812, au plus fort des guerres de l'Empire, l'on parut revenir aux anciens projets, si l'on juge des intentions du gouvernement impérial par les études auxquelles se livrèrent les différents ministres de la marine. Sous la Restauration nous étions en paix avec l'Europe : l'attention se porta de nouveau du côté de l'Indo-Chine et il semble à chaque instant que nous allons enfin nous établir dans cette riche contrée.

Aujourd'hui notre établissement dans l'Indo-Chine n'est plus à l'état de projet. En 1858, nous nous sommes emparés de Saïgon. Aujourd'hui la Cochinchine française, qui comprend 1.600.000 habitants, est l'une de nos colonies les plus prospères, et le royaume de Cambodge reconnaît notre protectorat; à l'heure où nous sommes, le Tonkin s'ouvre de nouveau à notre activité grâce à l'initiative de deux hardis et courageux pionniers, MM. Jean Dupuis et Millot, qui ont découvert, à la suite d'une des plus glorieuses explorations qui honorent le monde géographique, une voie de communication entre la riche province Chinoise de Yunnan et la mer, par le fleuve Rouge. Cette voie de communication a sur les autres l'avantage d'être plus courte et plus directe, et de traverser un pays qui peut devenir pour nous une colonie des plus prospères et des plus florissantes. Ce pays est le Tonkin.

Le Tonkin, qui depuis plus de deux siècles a attiré l'attention de nos ancêtres, contient environ dix millions d'habitants. Ce riche pays est devenu, depuis sa conquête, la proie et le grenier des Annamites qui l'ont mis en coupe réglée. Aussi la population gémit-elle sous un joug qui chaque jour devient plus pesant et attend-elle de nous son salut. L'arrivée des Français est pour les Tonkinois la suprême espérance.

Il ne s'agit pas d'entreprendre une expédition dispendieuse : il s'agit d'ouvrir de nouveaux débouchés au commerce, de nous créer de nouveaux marchés. Il ne faut pas se le dissimuler, notre pays traverse une crise qui peut lui être funeste. Notre mouvement commercial est loin d'être arrivé à la marche progressive qu'il devrait atteindre. La lutte entre les différentes nations d'Europe se place sur le terrain économique. Chaque jour l'Allemagne augmente son trafic et le tonnage de sa marine marchande dépasse le nôtre. Quant à l'Angleterre, il est inutile d'en parler. Il suffit de dire qu'elle possède en Asie un empire de 250,000,000 d'hommes et que les transactions de l'Inde avec l'extérieur s'élèvent à trois milliards deux cents millions.

Nous sommes placés dans une situation défavorable qui peut, si nous n'y prenons garde, avoir pour nous les conséquences les plus funestes. Si nous continuons de suivre les mêmes errements, c'est-à-dire si, restant stationnaires, nous nous affaiblissons dans des agitations stériles, et si nous ne voulons pas élargir notre horizon, nous souscrivons d'avance à l'abaissement de la France. Dans un siècle, notre pays ne comptera pas plus dans les destinées du monde que ne compte actuellement la Suisse ou la Belgique!

Nous pouvons conjurer ce danger. Il faut agir, il faut reprendre l'ancienne politique de Dupleix. Notre pays doit devenir une grande puissance coloniale. Les circonstances nous sont favorables; sachons en profiter. Si l'Inde est définitivement perdue pour nous, il nous reste l'Indo-Chine orientale. C'est là en partie que réside l'avenir de la France. La nation européenne qui s'établira dans le golfe du Tonkin à l'embouchure du fleuve Rouge pourra pénétrer jusque dans les provinces occidentales de la Chine et dans le Thibet oriental encore si peu connu. Nous pouvons ainsi nous emparer d'un immense trafic. En outre, en nous établissant au Tonkin, nous mettons la main sur l'Indo-Chine orientale, nous nous créons un nouvel empire colonial et faisons accepter notre suprématie par plus de vingt millions d'hommes. Mais si nous voulons arriver à ce résultat, il faut se hâter, il n'y a pas de temps à perdre. Il faut se mettre à l'œuvre et ne pas oublier qu'à notre époque, les moments sont précieux. La question du Tonkin est pour nous une question vitale, puisqu'elle intéresse à un haut degré la fortune économique de notre pays. C'est une question d'avenir, une question nationale et à ce titre elle doit être résolue dans le plus bref délai possible. Il faut que le Tonkin soit une terre Française, et c'est ainsi que la France restera ce qu'elle doit être, une nation au cœur puissant dont les battements doivent se faire sentir aux extrémités du monde entier. (*Applaudissements.*)

H. Castonnet Desfossés.

Paris. — Imprimerie Tolmer et Cie, 3, rue Madame.